AF617535

BABEL - AL LÍMITE

Fernando León

BABEL - AL LIMITE

Colección Leche de Burra

Poesía

editamás

Primera edición: julio 2025

Foto de solapa: Christian Polanco
Dibujos a plumilla de cubiertas e interior: Fernando León

EDITA:
Editamás, editorial y contenidos digitales

DEPÓSITO LEGAL:
BA-000453-2025

ISBN:
978-84-120502-7-1

MAQUETACIÓN, IMPRESIÓN Y PEDIDOS:
www.editamas.com
924 18 07 91

«La Biblioteca es una esfera... cuya circunferencia es inaccesible.»
(*Cuentos selectos y un poema, La biblioteca de Babel*, J. L. Borges)

«¡Qué crimen espantoso fueron las pirámides de Egipto...»
(*Nuestro hogar es Auschwitz*, Tadeus Borowski)

prefacio

Nos encontramos en este espacio, en un contexto civilizatorio en torno a la poesía en un tiempo difícil –pero muy rico–, que aun con amenazas e incertidumbres esperemos sea cada vez más vivo de convivencia pacífica, tolerante y creativa; con buen uso de la palabra, la razón, la política, la ciencia, el pensamiento y el arte, para que nuestros jóvenes no sean la parodia de profecía autocumplida que pretenden sectores involucionistas que prostituyen el lenguaje para instalar un relato que les sirva para justificar totalitarismos. La palabra y las lenguas son para comunicar y crear, no para hacer ruido. Para Borges, «la palabra es lo intrínseco». Y Hölderlin pide en *El Archipiélago* «Déjame escuchar el silencio en tus profundidades».

Con crisis climática, hambrunas, epidemias, pobreza, desigualdades, guerras, depredación de recursos, desinformación, desplazamientos masivos de refugiados e inmigrantes, parece que el mundo se va por un sumidero. Es el mensaje que los caudillos quieren instalar en la opinión pública, con el fin de hacer ver que la democracia y la institucionalidad no sirven, cuando lo cierto es que son la base para la convivencia y un desarrollo sostenible sustentado en los derechos humanos, cívicos, políticos, socioeconómicos, laborales, de igualdad y de justicia social. En realidad hay datos esperanzadores; índices que indican que se van resolviendo problemas, de poco a poco, no de modo uniforme ni todo el tiempo en todos los sitios, pero sí, con mucho esfuerzo se avanza. Y la poesía, como el resto de las artes, es un punto clave civilizatorio. Sí, es útil en su esencia creadora para iluminar en la oscuridad, nutrir la mente y el corazón, sanar heridas del alma y remover los panales del *statu quo* para polinizar los ecosistemas humanos.

María Zambrano propone en su *Razón poética:* «La poesía vendría a ser el pensamiento supremo para captar la realidad íntima de cada cosa, la realidad fluyente, movediza, la radical heterogeneidad del ser»; superando «la dicotomía entre la razón estrictamente lógica y la intuición», unidas en una noción superior que desarrolla en *La Razón en la sombra* y *Claros del bosque* explorando «la relación entre pensamiento racional y lo poético», para «comprender la realidad desde una perspectiva más completa y humana». Y aunque el consenso sobre realidad parece hoy roto, aún viene a fortalecer *la razón poética* que desmitifica el bucle de Baudelaire «ser sublime sin interrupción», tan purista al fin y al cabo, y tan agotador.

La razón poética –y su dimensión ética– que Zambrano halla en Parménides, Juan de la Cruz, Hölderlin, Machado, Heidegger, o Unamuno –que también ejercita el gremio *Maldito*, Baudelaire, Mallarmé, Rimbaud, o Nerval, Poe, Artaud, L´isle Adam, Kerouac, Ginsberg, Panero o Haro Ibars, cada uno en su ser–, lleva a «estar en la vida comprendiéndola en completud» y a buscar la propia. Como Celaya –cantado por Paco Ibáñez y Serrat–, no concibo la poesía «como un lujo cultural de los neutrales», ni lujo a secas; y su «arma cargada de futuro» –«de bromuro», diría Panero–, tiene sentido como metáfora de resistencia, como el de «alegría» para Almudena Grandes.

Escribe Heidegger en *Hölderlin y la esencia de la poesía*: «Sólo la poesía, que es la esencia del lenguaje, puede preparar adecuadamente el advenimiento del ser». Huidobro dice en *Altazor*: «Un poema es una cosa que nunca es, pero que debería ser». Virgilio lo condensa en un verso que puede explicar el mundo: «Los árboles se han repartido sus patrias». Baja a la calle Alberti en su *Encuentro metafísico*: «Hoy me tropecé con la vida en una esquina». Pacheco tiene en su «estética antipoética» la razón «de los desheredados». Valhondo halla en la poesía «el conocimiento del hombre». Ángel Campos desvela y oculta en *Cal-i-grafías*: «El día no contiene los espacios / ni el vacío habitable del poema / la imagen del que lo escribe.» Y Pessoa advierte también, musicado por Silvia Pérez Cruz, en *El poeta es un fingidor*, que «Finge tan completamente / que hasta finge que es dolor / el dolor que en verdad siente».

Sirva esta introducción para compartir la razón poética del proyecto editorial *Colección Leche de burra*, expresamente creada para esta edición, que consta de cuatro inéditos: *Pasajero en la niebla, La piedad del crimen, Poemas en busca de libro* y *Versos des-a(l) mados;* y la reedición de *Babel - Al Límite* (opúsculos libros-objeto), *La pasión de un loco, Guillermina* –de 1983 a 2023, selección revisada y con algún texto más reciente–, y *Código iris* (2023/24). La edición es como lote de los ocho libros, o bien cada uno individualmente, diseñada con el esmero y la pulcritud con que se ha creado su contenido, que se presentó en una lectura pública titulada *De quimeras y entelequias*, en el Aula Ámbito Cultural, de Badajoz, en abril de 2025.

BABEL poemario breve impreso por primera vez sobre las seis caras de un cubo recortable desplegado que, una vez compuesto y montado sobre otros 48, uno sobre otro, uno sobre otro, conforman una pirámide, poliedro que se eleva en planos y que da nombre a la colección que consta de 49 títulos. Este opúsculo identifica el cubo como unidad constructiva en arquitectura, en la historia, en el lenguaje o el mito a través de la bíblica torre de Babel, los jardines babilónicos, la biblioteca alejandrina, la pirámide o un sofisma; y juega con la verticalidad de la relación entre el dios que confunde y la horizontalidad de la humanidad confusa.

Al Límite es un pequeño cuaderno poético de hojas sueltas con un hilo de lana de color –azul claro en este caso– que sujeta las páginas como un sencillo modo de encuadernación, que va incluido en la cajita Verde de la Colección Arco iris, promovida por el poeta Antonio Gómez. La componen siete estuches de cartón, diseñados por Javier Fernández de Molina; cada uno es de un color de dicho fenómeno meteorológico y contiene a su vez siete cuadernillos de otros tantos autores, 49 en total.

Esta edición consta de una serie de ocho poemas breves y de mirada contundente, que inquieren sobre ideas/conceptos como versos-trigo, la frontera, el amor, equilibrio de funambulismo, o la despedida.

Babel

El cubo fue lo primero:
verso para que el hombre antiguo
construyera un poema/pirámide;
arquitectura del lenguaje que cierra
el círculo, gramática para entender
su cuadratura dejando sólo
un campanario para que el albacea
ahuyente el miedo eterno del heredero:
escalar Babel, la cumbre del poema.

Vuelve a Babilonia el cinéreo sueño
eterno convertido en pulpa de anaquel
de biblioteca alejandrina, saber y ciencia
que abrasan supersticiones y esculpen
saberes que ni el fuego arrebata. Ni aún
cuando parece que nada queda, sólo
la esperanza en sus jardines y la ilusión de ver
la metrópolis lamida por las llamas.

Quién socava, Babel, tus cimientos,
quién ideó la espiral en cono truncada
que engañando el vertical camino
a los bárbaros lleva al cielo.

¿Acaso el dios lo truncará,
quebrará su idea primigenia
y dictará otro diluvio exterminador
de lenguas y voluntades?

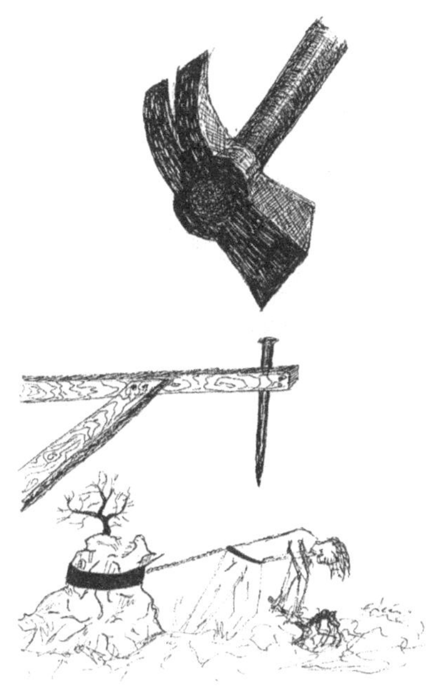

Al límite

A Consulelo

Asígname tu rezo
de consuelo.
Enlève ta culotte
et embrasse-moi,
sobre el pontón
en su cubierta.

Ah! orfebre de aquesta
caja de
Pandora.
Por qué mis brazos
a mi musa no rodean
distraída.

Cómo hacer qué,
musa abrazada.

Ábrela, dame la victoria
sobre el destino y que el amor
venza a la muerte.

En vértigo de soledades
andas
entre amores
perdida
buscándote en labios
paralelos
y sinuosos
hasta los confines,
donde
una y trina
confluyen.

Ejerce en el alambre
el funambulista
de agua de colonia despojado
por el olor de su estela
al límite
legislando el espacio
para vencer la gravedad
sin red
ante individuos que son naciones
temerosas y sedientas
de guerras nacidas
con edipo colectivo
y aferradas
al hilo umbilical del nasciturus
en su anhelo de tragedia
aun sin comadrona.

Mientras,
el acróbata
ensancha su paso alambicado
de punto a punto por el cable
y anda en pasarela cada vez
más holgada
domeñando el éter
hasta un destino de paz.

Hecho fronterizo,
metro abstracto,
utopía de plantas con y sin flores,
espacio íntimo desmilitarizado,
paraíso de cónsules,
intemperie toda
de legislación
ajena
ajena
al odio
extraditada la injusticia,
zona fértil de estraperlo,
matria del errante,
pensión/fonda/apátrida
embajada de contrabandistas
consulado de Babel
territorio
ético de librepensamiento.

Qué estetas se propagan
como esporas con sus versos
mejorados por el Senpa.

Fértiles el agricultor y el licenciado,
que sus semillas, por sus santos
huevos, en poemas los convierten.

El asesino
de su víctima se enamora
y la descuartiza
                        sin remisión
entre varapalos y licencias
impregnándose del ego
que su ello
                 necesita.

En términos operativos
el misterio se desvela
en tierra de nadie.
Crimen perfecto
sin móvil -aparente-
con profundo amor
y desconocimiento
de la víctima.

El libro Babel - Al límite de la colección
LECHE DE BURRA
terminó de editarse e imprimirse
el día 30 de Julio de 2025
en los talleres gráficos de
Editamás editorial de Badajoz.